BOEKANALYSE

AF156527

De oude man die romans las

. . . .

Luis Sepulveda

BOEKANALYSE

Geschreven door Sarah Leo
Vertaald door Nikki Claes

De oude man die romans las

Luis Sepulveda

LUIS SEPÚLVEDA

CHILEENSE SCHRIJVER

- **Geboren in 1949 in Ovalle (Chili).**
- **Enkele van zijn werken:**
  - *De wereld aan het einde van de wereld* (1991), roman
  - *De oude man die romans las* (1992), roman
  - *Story of a Seagull and the Cat Who Taught Her to Fly* (1996), verhaal

Luis Sepúlveda, geboren in 1949 in Chili, is een geëngageerd schrijver. Vanaf zijn jeugd verzette hij zich tegen het regime van Pinochet (1915-2006), wat leidde tot zijn gevangenneming en ballingschap. Vervolgens reisde hij door Zuid-Amerika en bracht een jaar door bij de Shuar-indianen om de gevolgen van de kolonisatie voor hen te bestuderen. Zijn werk, met name *The World at the End of the World* en *The Old Man Who Read Love Stories*, sluit grotendeels aan bij zijn politieke en ecologische engagement.

Luis Sepúlveda woont nu in Spanje en werkt voor de Internationale Federatie voor Mensenrechten.

DE OUDE MAN
DIE ROMANS LAS

EEN GEËNGAGEERDE ROMAN

- **Genre:** roman
- **Referentie-uitgave:** *Le Vieux qui lisait des romans d'amour*, vertaald uit het Spaans door François Maspero, Parijs, Métailié, 1992, 140 blz.
- **1ste uitgave:** 1992
- **Thema's:** lezen, natuur, roofdier, dood, vreemde cultuur

De oude man die liefdesverhalen las, is de eerste roman van Luis Sepúlveda die in 1992 verscheen en waarvoor hij twee prijzen ontving, de France Culture buitenlander award en de Relais du roman d'évasion award. Vertaald in 35 talen is het een bestseller.

Het werk vertelt het verhaal van hoe Antonio José Bolivar Proaño een katachtige achtervolgt waarvan hij, als groot kenner van het Amazonewoud, weet dat deze verantwoordelijk is voor de dood van vele mannen. De roman is ook een lofzang op het lezen.

SAMENVATTING

The Old Man Who Read Romance Novels verweeft het heden en het verleden en toont zo een belangrijk werk over tijd. Wij hebben ervoor gekozen deze chronologie niet te volgen in de samenvatting.

Antonio José Bolívar Proaño bracht zijn jeugd door in San Luis (Argentinië). Daar ontmoette hij zijn vrouw, Dolores. Ze verloofden zich op 13-jarige leeftijd en trouwden twee jaar later. Helaas konden ze geen kinderen krijgen. Zij besloten te verhuizen naar El Idilio, een klein dorp in het Amazonewoud, om van omgeving te veranderen. Daar werd hun status als kolonisten officieel gemaakt in het kader van het Amazonebezettingsplan. Op hun nieuwe land bouwen ze een hut.

Twee jaar later sterft Dolores aan malaria. Woedend droomt Antonio ervan wraak te nemen op de Amazone. Maar hij begint de vrijheid te waarderen van deze streek waar hij ongeluk heeft gekend. Hij leert ook de taal van de Shuar-indianen en wordt een van hen nadat een tovenaar hem geneest van de dodelijke beet van een reptiel, die slechts weinigen overleven.

Op een dag raken vijf buitenlanders in paniek bij de komst van de Shuar en schieten twee inboorlingen neer alvorens te vluchten. Een van hen sterft ter plekke, terwijl Antonio's beste vriend, Nushiño, ernstig gewond raakt. Om hen te wreken achtervolgt Bolívar de blanke man en doodt hem met zijn geweer, wat leidt tot zijn verbanning uit de stam omdat hij de man niet zoals gebruikelijk met een vergiftigde blaaspijp heeft gedood.

Enige tijd na Bolívar's terugkeer naar het dorp stellen twee regeringsfunctionarissen zich kandidaat voor de presidentsverkiezingen. Alleen mensen die kunnen lezen worden gevraagd te stemmen. Antonio doet een belangrijke ontdekking: hij kan lezen. Toen het regenseizoen aanbrak, voelde Bolívar zich voor het eerst van zijn leven eenzaam, dus ging hij naar El Dorado, waar Rubicondo Loachamín, een protesterende tandarts, hem voorstelde aan de schoolmeester, die een bibliotheek bezat. Vijf maanden lang bladert hij door allerlei verhalen en ontdekt hij zijn voorliefde voor romans. Daarna zal Loachamín, die het afgelegen dorp twee keer per jaar bezoekt aan boord van het schip *Le Sucre*, hem bij elk bezoek van boeken voorzien.

Antonio heeft het eens over het bezoek van vier Amerikanen. De burgemeester noemt Bolívar "de beste kenner van het Amazonegebied" (p. 80). Maar na hun ontmoeting zegt Bolívar dat hij niet met respectloze mensen wil omgaan. De burgemeester wordt boos. Hij beveelt andere mensen aan bij de buitenlanders en wil Bolívar uitzetten. Een week later keren drie van de vier buitenlanders terug: een van hen is vermoord. De burgemeester biedt Bolívar zijn vriendschap aan en vraagt hem het lijk terug te brengen. Bolívar doet dat zonder moeite, en keert dan terug naar de rust en naar zijn passie, lezen.

Even later, op de kade van de haven, zitten de inwoners om de beurt op de mobiele stoel van de tandarts. Net als de bemanning van de *Sucre* klaar is om uit te varen, arriveren enkele Shuar-indianen in een pirogue en kondigen aan dat een gringo (een Amerikaan) dood is aangetroffen, nieuws dat het vertrek van de bemanning en de dokter uitstelt.

Zodra hij op de werf aankomt, beschuldigt de burgemeester de Shuar, die hij "wilden" (p. 24) noemt, ervan de Amerikaan met een machete te hebben vermoord. De Shuar verdedigen zich, en Bolívar steunt hen: na onderzoek van het lijk concludeert Bolívar dat een volwassen dier, meer bepaald een vrouwelijke ocelot (een wilde Amerikaanse katachtige), de man heeft gedood. De burgemeester wilde niet luisteren, en Bolívar betoogde dat de vreemdeling waarschijnlijk het jong had gedood en het mannetje verwond, waarna het vrouwtje zeker wraak had genomen. Hij waarschuwt de burgemeester dat "een pijnlijke ocelot gevaarlijker is dan twintig moordenaars bij elkaar" (p. 28). Later wordt nog een dode gemeld. Deze keer gelooft de burgemeester Bolívar, en het hele dorp is nu bang voor het dier. De burgemeester beveelt Bolívar dan om voor de volgende dag een expeditie voor te bereiden om het woeste roofdier te doden.

Op de eerste dag van de expeditie, halverwege de middag, beginnen de wolken het bos te verduisteren: Bolívar en de burgemeester besluiten te stoppen. Op de tweede dag komen ze aan bij het loket van Miranda, die ook door het beest is gedood. Intuïtief legt de oude man aan de anderen uit wat er gebeurd moet zijn. s Avonds leest Antonio, wat een van de metgezellen intrigeert. Zijn metgezellen worden allemaal wakker, inclusief de burgemeester, en vragen hem voor te lezen. Terwijl ze hun indrukken delen, waarschuwt de oude man hen voor de aanwezigheid van het beest, dat wegrent. De burgemeester verliest zijn geduld en vraagt Bolívar alleen op te treden, wat hij accepteert. Wanneer hij de kat-achtige vindt, doet de oude man alsof hij wegloopt en het vrouwtje zet hem neer zonder hem aan te vallen. Helaas laat ze hem het stervende mannetje zien: Bolívar verlost hem uit zijn lijden zoals de ocelot wenst, en hij verdwijnt.

Terwijl hij slaapt onder een omgevallen kano, droomt Bolívar van een gedaante veranderend beest. De Shuar tovenaar vertelt hem dat dit de dood is en dat hij het droomdier dat zich boven de kano bevindt moet verjagen. De oude man wordt wakker en ziet dat de ocelot daar is, boven hem. Als hij eruit komt, valt hij aan. Op het hoogtepunt van de sprong van de kat, slaat hij de fatale slag.

KARAKTERSTUDIE

ANTONIO JOSÉ BOLÍVAR PROAÑO

Antonio José Bolívar Proaño is de hoofdpersoon van de roman. Hij is een illustere oude man uit de bergen, met een nerveus uiterlijk, wiens leeftijd een mysterie is. In El Idilio woont hij alleen in een kleine bamboehut waar hij zijn tijd doorbrengt met lezen.

Aan één muur hangt een artistieke foto van hem en zijn overleden vrouw, Dolores Encarnación del Santísimo Estupiñán Otavalo, die hij als kind in San Luis ontmoette. Tot hun grote wanhoop lukte het Dolores niet om te bevallen en toen de roddels toenamen, besloot het paar van lucht te veranderen. Na weken reizen kwamen ze aan in El Idilio, waar ze als kolonisten twee hectare bos kregen aangeboden. Helaas wordt Dolores twee jaar later gedood door malaria.

Na deze gebeurtenis streeft Bolívar een droom na, namelijk wraak nemen op dit "vervloekte gebied" (p. 41) dat het Amazonegebied is. Maar hij begint om te gaan met de Shuar, leert hun taal en houdt uiteindelijk van "deze ruimtes zonder grenzen en zonder meesters" (*id.*) die hem een vrij gevoel geven. De Indianen leren hem over het leven in het Amazonewoud en hun gebruiken:

> "Het leven in het bos had elke centimeter van zijn lichaam doordrenkt. [Zijn kennis van het bos was zo goed als die van een Shuar. [Hij kon een spoor volgen als een Shuar, maar hij was geen Shuar. (p. 47)

Betrouwbaar, de oude man wordt door iedereen gerespecteerd en beluisterd. Zijn gedetailleerde kennis van het bos en de primitieve bevolking stelt hem zelfs in staat de burgemeester, met wie hij niet overweg kan, tegen te spreken. De dood aangetroffen mannen zijn niet gedood door Shuar, maar door een vrouwelijke ocelot, die hij weet op te sporen en te doden. Bolívar is een eerlijke jager, een eigenschap die hij van de Indianen heeft geërfd: hij voelt zich vernederd en diep bedroefd als hij het beest heeft geschoten. Hij weet dat de enige reden waarom de kat al die mannen doodde, was omdat een van hen de kater had verwond en zijn jong had meegenomen.

NUSHIÑO

Nushiño is een Indiaan die Bolívar's beste vriend wordt. Net als hij, komt hij van ver. Hij komt bewusteloos bij de Shuar aan, gewond door een kogel in de rug na de Peruaanse militaire expeditie, en wordt door hen verzorgd. Een sterke man die "de dolfijnen van de rivier trotseerde tijdens een zwempartij" (blz. 46), is ook een barmhartig en vrolijk mens.

Op een dag schieten buitenlandse avonturiers op hem voordat ze verdwijnen: hij lijdt en sterft vervolgens. De oude man zal hem wreken, wat leidt tot zijn verbanning uit het Shuar volk voor het niet respecteren van hun gebruiken. Zo verandert het leven van Bolívar na de dood van zijn vriend radicaal: het enige wat overblijft van zijn collectieve bestaan zijn herinneringen die hij in zijn hoofd bewaart terwijl hij gedwongen wordt te leren hoe hij alleen moet leven.

RUBICONDO LOACHAMÍN

Rubicondo Loachamín, de "buitenechtelijke zoon van een Iberische emigrant" (blz. 12), is een tandarts die twee keer per jaar met de zeelieden van de *Sucre* naar El Idilio reist. Daar aangekomen zet hij zijn stoel neer op de kade van de haven om de tanden van de inwoners te behandelen, die ongeduldig op zijn komst wachten. Door te vloeken verdooft deze arts zijn patiënten die klagen over de pijn: "Hou je stil, verdomme! Blijf met je handen van me af! Ik weet dat het pijn doet. Maar wiens schuld is dat? Is het van mij? Nee: de regering" (p. 11-12). Als eigenzinnige demonstrant en anarchist in zijn jeugd haat hij buitenlanders en alle vormen van gezag.

Als hij aankomt, bespreekt hij het verleden met zijn vriend Bolívar onder het genot van wijn. Hij speelt een sleutelrol in het verhaal, want hij is de belangrijkste leverancier van romans aan de oude man.

DE BURGEMEESTER

De burgemeester is de "enige officiële [en] hoogste autoriteit" in El Idilio (blz. 21). Deze zwaarlijvige man die voortdurend zweet, een fysieke eigenschap die hem de bijnaam Slug oplevert, kwam in het dorp terecht omdat hij achter een verduistering zat in een grote stad in de bergen. Hebzuchtig naar geld, heeft hij de gewoonte de inwoners te belasten. Als egoist die misbruik maakt van zijn positie, wordt hij gehaat en veracht door het volk.

Omdat hij ervan overtuigd is dat zijn inlandse vrouw hem betovert, slaat de burgemeester haar. Als hij geen frontera en aguardiente drinkt zoals velen in El Idilio, is dat omdat hij ervan overtuigd is dat deze alcoholische dranken de bron zijn van zijn nachtmerries. Hij is een personage dat leeft "in spoken en waanzin" (p. 22). Hij is een bierliefhebber en heeft zijn eigen voorraad. Hij drinkt veel, maar langzaam, omdat hij weet dat "zodra de voorraad op is, de werkelijkheid nog wanhopiger zou worden" (p. 21).

OCELOT

Hoewel het geen fysieke personen zijn, spelen de natuurkrachten een belangrijke rol in Sepúlveda's werk, zozeer zelfs dat ze als volwaardige personages kunnen worden beschouwd. De rol van de ocelot is natuurlijk cruciaal voor het verhaal: terwijl ze aanvankelijk wordt gezien als een bloeddorstige vijand die in staat is tot koelbloedige moord, ontdekken we haar gaandeweg in al haar kwetsbaarheid, en we gaan zelfs zover dat we haar menselijke emoties toeschrijven, met name wanneer ze Bolívar haar stervende mannetje laat zien zodat hij zijn lijden kan verkorten: "Hij kon het vrouwtje niet zien, maar hij raadde haar boven zich, verborgen, geschokt door bijna menselijk gesnik. " (p. 124)

Bovendien vertegenwoordigt deze vrouwelijke ocelot het Amazonewoud als geheel, een levend organisme in strijd, dat veel kan geven als je weet hoe het moet, maar dat zich ook kan verdedigen als het wordt aangevallen.

SLEUTELS TOT HET LEZEN

DE MAGIE VAN HET REALISME

De hedendaagse Latijns-Amerikaanse literatuur is vooral bekend om auteurs die schrijven in de trant van het magisch realisme, waarvan Gabriel García Márquez, de auteur van *Honderd jaar eenzaamheid*, een van de belangrijkste vertegenwoordigers is. Dit zijn romans waarin de setting realistisch wordt beschreven, maar waarin wonderlijke elementen op natuurlijke wijze in het alledaagse zijn verweven. Het staat zowel tegenover zuiver realisme, dat alle ongeloofwaardigheid verwerpt, als tegenover fantasie. Werken in het laatste genre bevatten inderdaad ongewone elementen, maar die verstoren het verloop van het verhaal doordat ze botsen met de pure werkelijkheid, in tegenstelling tot het magisch realisme, dat ze in de stroom van het verhaal integreert. Hoewel dit genre altijd al heeft bestaan in de kunstgeschiedenis, werd het pas in de jaren zestig en zeventig populair en emblematisch voor de hedendaagse Latijns-Amerikaanse literatuur, hoewel het ook in andere literaturen voorkomt.

Een van de redenen die worden aangevoerd om de populariteit van dit genre in Latijns-Amerika te rechtvaardigen is de verwondering van de Europese kolonisten toen zij de Nieuwe Wereld ontdekten, die "de bestaande conceptuele categorieën leek te tarten en de voorstellingen die de bewoners van het Oude Continent van het universum hadden aanzienlijk wijzigde" (Le Bel P.-).M. en Tavares D. "La représentation de l'Amérique du Sud dans l'œuvre de Louis Sepúlveda: des tensions intratextuelles à la réception populaire", in *Cahiers de géographie du Québec*, vol. 52, p. 492.

Het is daarom heel interessant dat Sepúlveda ervoor koos een realistische roman te schrijven. Hij verklaart deze keuze juist door het feit dat de natuur van zichzelf al mysterieus en wonderlijk is; het leek hem daarom belangrijk deze zo realistisch mogelijk te beschrijven (Lefort M., "*Une viejo que leia novelas de amor*, de Luis Sepulveda: après le "réalisme magique, la 'magie de la réalité'", in *América Cahiers du CRICCAL*, n° 25, 2000, p. 148).

Concreet komt dit idee tot uiting in de beschrijvingen van landschappen en gebruiken in het Amazonegebied die de plaatselijke realiteit weerspiegelen, maar die voor stedelingen of buitenlandse lezers zo ongewoon en ver van het dagelijkse leven afstaan dat ze magisch lijken. Zo beschrijft de auteur in het allereerste hoofdstuk op realistische wijze een sessie bij de tandarts in Loachamín, waarbij naast *Sucre* een indiaan in een bootje voorbij vaart. Dit lijkt verrassend voor de lezer, hoewel het heel vaak voorkomt. In het Amazonegebied bestaan moderniteit en traditie echt naast elkaar.

Evenzo is de vrouwelijke ocelot een voorbeeld van een figuur die, hoewel hij volkomen realistisch is afgebeeld, als mysterieus kan worden ervaren. Hoewel ze zich aannemelijk gedraagt, intrigeert ze door verstoppertje te spelen met Bolívar, die ze achtervolgt en obsedeert als een bosgeest. Zij belichaamt de krachtige en geheime krachten van de natuur, en heeft tegelijkertijd een zekere kwetsbaarheid die haar vertederend maakt.

Hoewel dit niet in het verhaal wordt vermeld, zijn dieren belangrijke symbolen in de Indiaanse spirituele tradities, vooral in sjamanistische praktijken. In sommige daarvan nemen de tovenaars hallucinogene stoffen en gaan ze de geesten ontmoeten die in visioenen aan hen verschijnen, meestal in de vorm van wilde dieren. De laatsten zijn als wijzen, gidsen die geraadpleegd worden in tijden van grote veranderingen, of gewoon voor genezing en waarzeggerij. In precolumbiaans Amerika hadden katachtigen een grote mythologische betekenis. De beste elementen van het Azteekse leger werden bijvoorbeeld verzameld in cohorten van "Jaguar Warriors" of "Ocelotl", in het Nahuatl (de taal van de Azteken). De vrouwelijke ocelot heeft dus ook een sterke culturele en spirituele connotatie zonder dat hij als vreemd hoeft te worden omschreven.

LEZEN ALS EMANCIPATIEMIDDEL

Alleen al uit de titel blijkt dat boeken een belangrijke rol spelen in het verhaal. Inderdaad, de oude man is een fervent lezer, vooral van romans. In de eenzaamheid van El Idilio ontdekt hij tot zijn verbazing dat hij kan lezen, maar zonder dat hij iets heeft om zijn nieuwsgierigheid te bevredigen. Beetje bij beetje ging hij op zoek naar literatuur: nadat hij de oninteressante kranten die door de burgemeester waren uitgeleend had doorgespit, las hij met plezier een boek over de heilige Franciscus van Assisi (1182-1226) dat hij van de pastoor had geleend. Hij werd voorgesteld aan de dorpsonderwijzer, de enige met een bibliotheek, die hij vijf maanden lang raadpleegde. Daar ontdekte hij zijn voorliefde voor romans, met *De rozenkrans* van Florence L. Barclay (Engelse schrijver, 1862-1921).

Leest de oude man aanvankelijk om zijn verveling, eenzaamheid en verdriet te verlichten, dan wordt deze activiteit al snel een middel om zijn dorst naar kennis te lessen en zijn horizon te openen. Zijn lezen was niet passief: het was een middel tot leren, en vooral tot emancipatie. Bolívar begrijpt niet alle woorden, heeft niet alle codes, maar hij leidt hun betekenis af uit de context. Hij mag dan niet goed opgeleid zijn, maar hij aarzelt niet zijn fantasie te gebruiken om zich een beeld te vormen van onbekende plaatsen zoals Venetië. Hij heeft niet alles meegemaakt, maar hij vergelijkt zijn eigen levenservaring met wat hij leest, zoals wanneer hij de kus van de geliefden in zijn lezing vergelijkt met wat hij vroeger misschien heeft meegemaakt met zijn vrouw Dolores.

De leesdaad die in de roman wordt gevierd is niet eenzaam: in hoofdstuk VIII vragen zijn metgezellen de oude man om zijn boek voor te lezen. Zijn de reacties aanvankelijk gedeeld, soms lomp, dan wordt de lezing al snel een gedeeld moment tussen de hoofdpersonen die samen het verhaal proberen te begrijpen en over hun ideeën debatteren. Zo wordt emancipatie collectief: voorlezen opent een ruimte voor spreken, uitwisseling en gezamenlijk leren.

Lezen vervult hier dus een dubbele rol: het stelt de oude man in staat te ontsnappen aan de teleurstellende realiteit van zijn eenzaamheid en de wreedheid van de mensen, en het opent nieuwe perspectieven voor zowel de oude man als zijn metgezellen doordat het een voortdurende bron van kennis en vragen is. Verbeelding door lezen wordt zo een echte macht en krijgt een politieke betekenis.

LIEFDE EN DOOD

Een van de belangrijkste thema's in het boek is ook de liefde, in verschillende dimensies en meestal in verband met de dood. Dit is het hoofdonderwerp van Bolívars lezingen, en dus een onuitputtelijke bron van vragen en debat. Het personage vertelt zijn metgezellen graag dat de boeken die hij leest niet over naïeve verhalen gaan, maar over "liefde, het echte soort, het soort dat pijn doet" (p. 106), zoals het boek dat hem misschien verbindt met zijn vrouw, die tragisch verdween zonder dat het paar kinderen had.

De eenzaamheid als gevolg van dit verlies van een geliefde is ook een belangrijk thema, en dit is misschien wel de emotie die de oude man het meest verbindt met de vrouwelijke ocelot. Ook zij heeft haar dierbaren verloren en dwaalt rond, alleen met haar pijn. Misschien dat Bolívar daarom liefde, respect en mededogen toont aan het paar ocelots, en het mannetje doodt om hem het lijden van een langzame lijdensweg te besparen: hij begrijpt hen. De twee personages komen samen in hun gemis en eenzaamheid.

Naast de liefde voor literatuur is er ook de liefde voor het bos en het door kolonisatie bedreigde Shuar-volk. Het is vooral door de kleurrijke en gevarieerde beschrijvingen van de weelderige natuur en de overvloedige fauna dat de auteur zijn passie overbrengt. Deze liefde voor de natuur houdt ook de erkenning in van haar macht om te doden: het bos is gevaarlijk, en buitenlanders zullen de prijs betalen.

Hieraan moet worden toegevoegd dat de relatie tot de dood van de Shuar-volkeren, zoals beschreven door Sepúlveda, doordrongen is van heiligheid en ook kan worden geïnterpreteerd als een vorm van liefde: men doodt alleen op een respectvolle manier op straffe van verbanning uit de gemeenschap. Dit was het lot van Bolívar nadat hij de moordenaar van zijn vrienden met een pistool had gedood. Dit is nog een voorbeeld van de manier waarop de Indianen de natuur benaderen: door te trachten in symbiose met haar te leven, met respect voor haar cycli van leven en dood.

TWEE CONTRASTERENDE CULTUREN

In Sepúlveda's roman worden twee zeer verschillende culturen gepresenteerd. Elk van hen neemt een specifieke plaats in:

- In het Amazoneregenwoud leven de Shuar-indianen, die meer in het algemeen de primitieve volkeren vertegenwoordigen, maar ook de vrouwelijke ocelot, die kan worden beschouwd als een symbool van verzet tegen de indringer;

- In El Idilio zijn er de kolonisten, de burgemeester, de buitenlanders, de goudzoekers en de Jivaros (de naam die door de Spaanse veroveraars werd gegeven aan de inboorlingen die door de Shuar, hun eigen volk, werden verworpen omdat ze door de blanken werden gedegradeerd). Ze bedreigen allemaal de orde die heerst in het Amazonegebied.

Op het kruispunt van deze twee culturen bevindt zich Antonio José Bolívar: hij is een kolonist, maar hij heeft lange tijd bij de Indianen gewoond, van wie hij zijn liefde voor de fauna en de flora heeft geërfd.

De Shuar kennen het Amazonewoud en zijn vele aspecten door en door. Dat geldt niet voor de kolonisten die, als ze in El Idilio gaan wonen, al snel hun onkunde tonen: sommigen sterven aan koorts, vergiftigd door giftige vruchten of inge-slikt door een slang; de anderen vechten tegen de regen, de muggen, de beesten, enz. De Indianen hadden medelijden met hen en leerden hen jagen, vissen, stevige hutten bou-wen, eetbaar fruit verzamelen en in het algemeen in het bos leven. Volgens Bolívar zijn de Shuar "zo vriendelijk als een stel penseelaapjes, zo spraakzaam als dronken papegaaien, en huilen ze als duivels" (p. 42).

Als drager van twee verschillende werelden is Bolívar ver-scheurd omdat hij noch een echte Shuar noch een verwoes-tende kolonist is, hoewel geen van beide culturen geheimen voor hem heeft. Het is omdat hij beide beschavingen zo goed kent dat de oude man diep respect toont. Maar zoals het lot het wil, beschadigt hij zijn integriteit door de onrechtvaar-dige jager te worden die hij nooit is geweest. Ongewild wordt hij gedwongen de ocelot te doden, die wraak heeft genomen op zijn kwelgeesten. Als hij dat doet, zijn zijn ogen "wazig van de tranen" en gooit hij "[boos] het geweer weg […] zonder glorie" (p. 130).

EEN ECOLOGISCHE ROMAN

Toen het werd gepubliceerd, werd de roman vaak omschre-ven als een ecologische roman of een geëngageerde roman. In een interview met *Passion Bouquin* geeft Sepúlveda echter toe dat hij niet houdt van het begrip "geëngageerd schrijver", omdat engagement voor hem vooral een kwestie van burger-schap is. Als politiek gevangene in Chili heeft Sepúlveda zich altijd ingezet voor politieke doelen en in het bijzonder voor ecologie. Als Greenpeace-activist was hij een van de ondertekenaars van een artikel getiteld "Grupo de los Cien" ("Groep van Honderd"), ondertekend door een groot aantal Latijns-Amerikaanse schrijvers, waarin de regeringen werden opgeroepen het Amazonewoud te beschermen. En hoewel *The Old Man Who Read Romance Novels* niet is geschreven als een lang politiek pamflet, is het toch opgedragen aan twee figuren in de bescherming van het Amazonewoud: Chico Mendès (verdediger van het Amazonegebied en ecoloog, 1944-1988) en Miguel Tzenke (Shuar-syndicus, verdediger van het woud). Zo wordt de held van het verhaal Bolívar genoemd ter ere van de gelijknamige Venezolaanse politicus, symbool van de emancipatie van de volkeren van Latijns-Amerika.

Het thema ecologie is in de hele roman aanwezig: ook al is het doel van de hoofdpersoon om de ocelote te achtervolgen, de auteur maakt van de gelegenheid gebruik om het leven in het Amazonewoud en de ambivalente relatie die de mens daarmee heeft in beeld te brengen. Sommige personages, zoals de burgemeester of de Amerikaanse buitenlanders, zijn er vol minachting over, exploiteren het en koloniseren het tot het uiterste door steeds meer machines binnen te halen. De Indianen daarentegen hebben technieken moeten ontwikkelen die het bos respecteren om er te kunnen leven. Uiteindelijk kristalliseert de relatie tussen de mannen en de ocelot het hele probleem van de ecologie: hoe kunnen we in onze eigen behoeften voorzien, veilig zijn en ons emanciperen met respect voor de natuur? Helaas vindt de held geen bevredigend antwoord op deze vraag. Met veel verdriet doodt hij uiteindelijk het dier, wiens dood het gevolg is van menselijke domheid.

EEN SUCCESVOLLE ROMAN

Sepúlveda's roman was een onmiddellijk en blijvend commercieel succes. Het is vaak gepland als schoollezing. Het is zelfs in verschillende talen vertaald en er is een film van gemaakt. De film, geregisseerd door de Australiër Rolf De Heer, was veel minder succesvol dan de roman. Het was de schrijver zelf die het scenario bewerkte: hij benadrukte de moeilijkheid hiervan in een interview. De gefragmenteerde chronologie van het verhaal vereiste namelijk talrijke flashbacks en was nauwelijks geschikt om te verfilmen. Ondanks deze narratieve moeilijkheid begrijpen wij de belangstelling voor een verfilming van het boek. Sepúlveda schrijft inderdaad helder en geeft een waarheidsgetrouw beeld van de landschappen en dieren. Zijn realistische en levendige beschrijvingen zijn op zichzelf resoluut filmisch. Ook de achtervolging van de vrouwelijke ocelot is een intrigerend en effectief verhaal. Ten slotte zijn de kleurrijke personages (zoals de burgemeester of de tandarts), die in de roman soms op humoristische wijze worden beschreven, over het algemeen erg populair bij filmfans. De adaptatie slaagde er echter niet in het grote publiek te bereiken, ondanks de aanwezigheid van acteurs als Richard Dreyfus (*Jaws*) en Hugo Weaving (*Matrix*, *Lord of the Rings*).

Critici zijn het eens over de helderheid en kracht van het schrijven van de Chileense auteur, en het plezier dat wordt beleefd aan het lezen van *De oude man die liefdesverhalen las,* een avonturenroman die leest als een ecologische fabel.

MOGELIJKHEDEN TOT BEZINNING

EEN PAAR VRAGEN OM OVER NA TE DENKEN...

- Twee vormen van lezen zijn vertegenwoordigd in de roman. Welke en wat zijn hun kenmerken?

- Waarom kunnen we zeggen dat Bolívar zich op het kruispunt van twee culturen bevindt?

- Deze roman vertegenwoordigt twee totaal verschillende werelden: die van de kolonisten en die van de Indianen. Door welke personages worden ze vertegenwoordigd? Hoe worden deze twee werelden voorgesteld? Denkt u dat de auteur kritiek heeft op de een of de ander?

- Waarom is dit boek een "ecologische roman"?

- Is het een politieke roman? Wat denk je dat de politieke overtuigingen van de auteur zijn?

- Waarvoor zijn de twee signeersessies?

- Waarom denkt u dat Sepúlveda heeft gekozen voor een verhaal dat niet in chronologische volgorde verloopt?

- Twee werkwoorden komen vaak voor, "begrijpen" en "leren". Denk je dat ze de sleutel zijn om het verhaal te interpreteren?

- Vergelijk de roman met de verfilming ervan. Lijkt de verfilming trouw aan de tekst?

- Wat is Sepúlveda's plaats in de geschiedenis van de Latijns-Amerikaanse literatuur? Hoe lijkt zijn stijl op of verschilt hij van de schrijvers van zijn tijd?

OM VERDER TE GAAN

REFERENTIE-UITGAVE

SEPÚLVEDA L., *The Old Man Who Read Love Stories*, Parijs, Métailié, 1992.

BENCHMARKSTUDIES

LE BEL J.-M. EN TAVARES D., « La représentation de l'Amérique du Sud dans l'œuvre de Louis Sepúlveda : des tensions intratextuelles à la réception populaire », in *Cahiers de géographie du Québec*, vol. 52, p. 489-506.

LEFORT Michèle, "*Une viejo que leia novelas de amor*, de Luis Sepúlveda : après le réalisme magique, la 'magie de la réalité'", in *América Cahiers du CRICCAL*, n° 25, 2000, p. 143-149.

"Ontmoeting met Sepúlveda", in *Passion-Bouquin.com – Le magazine littéraire*, nr. 2, 2012, pp. 7-10.

AANPASSING

The Old Man Who Read Love Stories, film van Rolf de Heer, met Richard Dreyfus, Hugo Weaving en Timothy Spall, Australië, 2001.

*We horen graag van jou! Laat
een reactie achter op jouw online bibliotheek
en deel je favoriete boeken op social media!*

Waarom kiezen voor Must Read?

Kom alles te weten over een boek met onze beknopte en diepgaande samenvattingen en analyses!

Ontdek het beste uit de literatuur in een compleet nieuw licht!

De uitgever garandeert de betrouwbaarheid van de gepubliceerde informatie, die echter niet onder zijn verantwoordelijkheid valt.

www.50minutes.com

Master ISBN: 9782808688260
Papier ISBN: 9782808699662
Wettelijk depot: D/2023/12603/1246

Omslag: © Primento

Digitaal ontwerp: Primento, de digitale partner van uitgevers.